Materiales de la Tierra
El agua

por Rebecca Pettiford

Bullfrog
en español

Ideas para padres y maestros

Bullfrog Books permite a los niños practicar la lectura de textos informativos desde el nivel principiante. Las repeticiones, palabras conocidas y descripciones en las imágenes ayudan a los lectores principiantes.

Antes de leer
- Hablen acerca de las fotografías. ¿Qué representan para ellos?
- Consulten juntos el glosario de las fotografías. Lean las palabras y hablen de ellas.

Durante la lectura
- Hojeen el libro y observen las fotografías. Deje que el niño haga preguntas. Muestre las descripciones en las imágenes.
- Léale el libro al niño o deje que él o ella lo lea independientemente.

Después de leer
- Anime al niño para que piense más. Pregúntele: El agua viene en tres diferentes formas. Una forma es congelada, como hielo. ¿Has visto el agua congelada? ¿Dónde la has visto?

Bullfrog Books are published by Jump!
5357 Penn Avenue South
Minneapolis, MN 55419
www.jumplibrary.com

Library of Congress Cataloging-in-Publication Data is available at www.loc.gov or upon request from the publisher.

ISBN: 979-8-88524-826-6 (hardcover)
ISBN: 979-8-88524-827-3 (paperback)
ISBN: 979-8-88524-828-0 (ebook)

Editor: Katie Chanez
Designer: Emma Almgren-Bersie
Translator: Annette Granat

Photo Credits: CK Foto/Shutterstock, cover; Damsea/Shutterstock, 1; Delbars/Shutterstock, 3; Gorynvd/Shutterstock, 4; Artsiom P/Shutterstock, 5 (Earth); Steven's Light/Shutterstock, 5 (background); Gestalt Imagery/Shutterstock, 6–7 (top), 23bl; Ruslan Suseynov/Shutterstock, 6–7 (bottom); Jurjanephoto/Shutterstock, 8–9, 23m; Senya and Ksusha/Shutterstock, 10–11, 23br; TWStock/Shutterstock, 12; Evgeny Atamanenko/Shutterstock, 13; Koldunov Alexey/Shutterstock, 14–15; amenic181/Shutterstock, 16; Hendrik Martens/Shutterstock, 17; Robbi Akbari Kamaruddin/Alamy, 18–19; FamVeld/Shutterstock, 20–21; stockelements/Shutterstock, 22 (top); Yevhenii Chulovskyi/Shutterstock, 22ml; Gcapture/Shutterstock, 22mr; railway fx/Shutterstock, 22bl; Kay Cee Lens and Footages/Shutterstock, 22br; Farik gallery/Shutterstock, 23tl; xpixel/Shutterstock, 23bm; Matis75/Shutterstock, 23tr; K.-U. Haessler/Shutterstock, 24.

Printed in the United States of America at Corporate Graphics in North Mankato, Minnesota.

Tabla de contenido

Siempre en movimiento

Sam tiene sed.

Él bebe agua.

agua

El agua cubre la mayoría de nuestro planeta Tierra.

río

ola

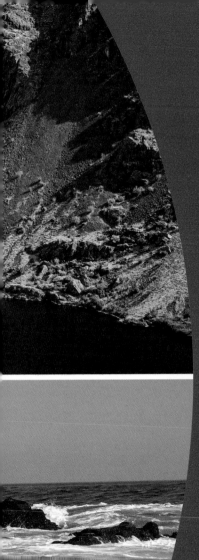

El agua moldea la Tierra.

¿Cómo?

Los ríos fluyen.

Las olas estallan.

El agua no siempre
es líquida.

Ella puede congelarse.

Entonces es hielo.

hielo

vapor de agua

También puede ser
vapor de agua.

¿Cómo?

El Sol calienta el agua.

Una parte de ella
se vuelve vapor.

El vapor sube.

Este se mezcla con el polvo en el aire.

Las nubes se forman.

nubes

El vapor se enfría.

Este cae como lluvia.

La lluvia aterriza en lagos y ríos.

Ella también aterriza en los océanos.

El ciclo vuelve a empezar.

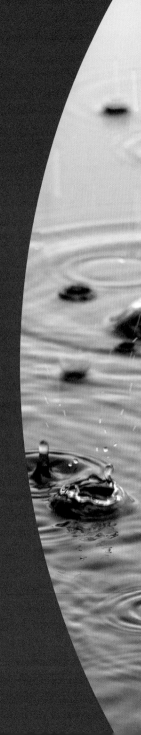

Las plantas necesitan agua para crecer.

Los animales necesitan agua para vivir.

Algunos viven en ella.

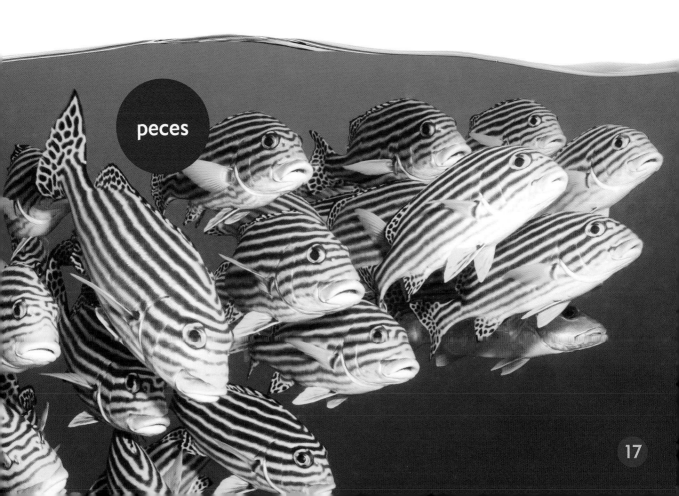

peces

Nosotros también necesitamos agua para vivir.

La bebemos.

Cocinamos y lavamos con ella.

Hace calor.

¡Nademos en el agua!

El ciclo del agua

El ciclo del agua es el camino que el agua toma cuando se mueve alrededor de la Tierra. ¿Cuáles son los pasos en el ciclo del agua? ¡Échales un vistazo!

1. El Sol calienta el agua en lagos, ríos y océanos.

2. El agua se vuelve vapor. El vapor sube.

3. Las nubes se forman.

4. La lluvia cae de las nubes.

5. El agua se junta en lagos, ríos y océanos.

Glosario de fotografías

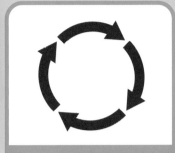

ciclo
Un grupo de acciones que pasa una y otra vez en el mismo orden.

congelarse
Transformarse en hielo a una temperatura muy baja.

líquida
Que fluye y puede ser vertida.

moldea
Da forma, talla o determina cómo algo se va a formar.

polvo
Partículas muy pequeñas.

vapor de agua
Un gas hecho de gotas de agua mezcladas con el aire.

Índice

Para aprender más

Aprender más es tan fácil como contar de 1 a 3.

❶ Visita www.factsurfer.com

❷ Escribe "elagua" en la caja de búsqueda.

❸ Elige tu libro para ver una lista de sitios web.